I

La Réforme et le Moyen-Age

La Réformation et la Révolution

La Réforme et le Moyen-Age

La Réforme et les Temps Modernes

E. DOUMERGUE

Doyen de la Faculté libre de Théologie de Montauban

ÉDITIONS DE *FOI ET VIE*,
48, RUE DE LILLE, PARIS
1910

La Réforme et le Moyen-Age [1].

Le chemin que nous avons à parcourir est long. Il paraîtra, peut-être, parfois difficultueux. Sans aucun préambule, j'entre en matière.

Notre question : *où finit le Moyen-Age, et où commencent les temps modernes*, a été posée indirectement, — à moitié, dirais-je, — en 1877, par Ritschl, le fameux théologien allemand, dont le luthéranisme était plus exempt d'orthodoxie que de chauvinisme. Il formula, textuellement, cet aphorisme : « Dans la mesure, où l'idéal du calvinisme est anti-catholique, il est dû à l'instigation de Luther ; dans la mesure, où il s'éloigne de Luther, il est revenu à l'idéal des Franciscains. » En d'autres termes : Calvin, le calvinisme proprement dit, c'est-à-dire la moitié du protestantisme fait encore partie du Moyen-Age.

Quelques années plus tard, un autre théologien

[1] Conférence donnée dans la salle de la Société d'encouragement pour l'industrie, le 17 avril 1910.

allemand, d'une renommée beaucoup moindre, mais qui, cependant, s'est fait un nom, en se spécialisant, peut-on dire, dans l'étude de ce catholicisme calviniste, Martin Schulze, estima que Calvin pouvait être reculé, non-seulement jusqu'au Moyen-Age, mais au-delà encore, jusqu'au paganisme, tellement sa conception de la vie est ascétique! Voici du reste ses propres paroles : « Il faut le dire : Calvin n'a pas, en principe, surmonté l'idéal monacal de la vie »; « la conception de la vie, selon Calvin, ressemble à s'y méprendre à celle que l'on peut tracer d'après le Phédon de Platon. »

Et dès lors, sous une forme ou sous une autre, l'aphorisme lancé par Ritschl, précisé par Schulze, a fait fortune. Il est devenu un axiome, tout simplement un cliché, qui a passé de mains en mains. — Philosophes, dogmaticiens, historiens, — presque tous représentants, distingués du reste, du Luthéranisme et de la science en Allemagne — nous ont répété à l'envi : — je cite les expressions de l'un d'eux : « Il y a entre Calvin et Luther la même différence qu'entre la France et l'Allemagne. La France c'est le monachisme, l'organisation de l'ascétisme, la discipline des masses. L'Allemagne, c'est le penchant presque maladif à la liberté individuelle » — Voilà pourquoi Calvin, avec sa nature « sanguine », « portée au fanatisme », trouvant « son contentement dans la soumission servile à la lettre », reste partagé entre Luther et le Moyen-Age. « Seulement, le courant du moyen-âge l'emporte en pratique, et conduit à une nouvelle moinerie *(Moncherei)*. — Conclusion, textuelle aussi d'un auteur anglais : « Le système moral de Calvin est profondément réactionnaire, scolastique et catholico-romain. » Calvin lui-même « n'est qu'un des derniers, quoique pas un des plus grands scolastiques », au-dessous de saint Thomas, pas bien loin de Loyola.

Et vraiment, messieurs, il aurait suffi d'abandonner la thèse de Ritschl, aux réfutations de… ses défenseurs, si déjà cette thèse n'avait été reprise avec grand éclat, et transformée avec grande science, par Tröltsch, professeur à Heidelberg. — Le 21 avril 1906, dans l'Assemblée des historiens allemands, à Stuttgart, le chef brillant de la plus importante école de théologie moderne, l'école historico-religieuse, prononça un discours sensationnel, qui, pour beaucoup, produisit l'effet d'un véritable coup de théâtre. Tout ce qu'on avait dit de Calvin, Tröltsch montrait que c'était vrai, et encore plus, de Luther. Epigone du moyen-âge, Calvin ? oui. Mais plus épigone encore, Luther ! Et ce n'était plus la moitié de la Réformation, c'était bel et bien la Réformation toute entière qui devait être réintégrée dans le Moyen-Age !

Avec autant de calme et d'indépendance, que certains théologiens avaient montré de passion et de chauvinisme, — élevant un mesquin conflit de personnes, ou de races, à la hauteur du problème religieux et social, qui domine toute notre époque, — qui, dans la vieille chrétienté, passionne toutes nos batailles, depuis celles dans les salles de cours, jusqu'à celles dans les salles de vote —, Tröltsch a raisonné comme suit : Le Moyen-Age produisit une vie, où régnaient *l'autorité* et *l'ascétisme*. — Les Temps modernes sont la contre-partie du Moyen-Age, avec leur *autonomie* de l'individu, et leur *jouissance* des biens de ce monde. — Quant à la Réformation, elle a voulu produire, et elle a produit, une vie d'autorité, et d'ascétisme, ordonnée d'après les règles de la Révélation. Sans doute elle a raffiné les méthodes du Moyen-Age. Mais en les raffinant, elle les a rendues plus efficaces et plus durables encore. En conséquence : la Réformation fait partie intégrante du *Moyen-Age*, et les *Temps modernes* commencent non pas avec le début, mais avec la fin de la Réformation elle-même, c'est-à-dire avec le xviiie siècle.

La Réformation, c'est le Moyen-Age ! telle est donc exactement la thèse ultra-protestante, que nous avons à examiner aujourd'hui.

I

Pour ce faire, je vous invite, messieurs, à vous placer tout d'abord à un point de vue extérieur, si j'ose dire, et à chercher des définitions objectives,

valables pour tout historien, quelles que soient
ses préférences ou ses antipathies, religieuses ou
sociales.

Regardés de ce point de vue neutre, personne
ne contestera que le Moyen-Age et la Réformation
apparaissent comme faisant partie de l'histoire
générale du Christianisme (et ce n'est point là ce
que nos auteurs, depuis Ritschl jusqu'à Tröltsch,
entendent reprocher à la Réformation, puisqu'ils
réclament pour eux-mêmes le titre de chrétiens,
et ne veulent pas exclure le Christianisme des
Temps modernes); mais personne non plus ne
contestera que le Moyen-Age et la Réformation
apparaissent comme deux phases distinctes de
cette histoire générale du Christianisme.

Le *Moyen-Age* est une *phase* de l'attitude de
l'Eglise et de la Société vis-à-vis du Christianisme.
Dans le Moyen-Age, il y a le Christianisme, et, en
plus, un élément, qui différencie le Christianisme
au Moyen-Age du Christianisme antérieur et du
Christianisme postérieur, et sans l'apparition et
la disparition duquel le Moyen-Age n'aurait ni
commencé ni fini : le Romanisme.

Et la *Réformation*, qu'est-ce ? Une autre *phase*
de l'attitude de l'Eglise et de la société vis-à-vis du
Christianisme, un effort pour revenir au Christianisme tout seul, en supprimant l'élément que le
Moyen-Age avait ajouté au Christianisme : le *Romanisme*.

De telle sorte que le Moyen-Age, c'est le christianisme avec, *en plus*, le Romanisme; et la Réfor-

mation, c'est le Moyen-Age avec, *en moins*, le Romanisme.

Ici, Messieurs, vous me permettrez une courte parenthèse. Si j'ai l'honneur d'avoir dans mon auditoire quelques catholiques, je les prie de vouloir bien ne pas oublier cette distinction entre le Catholicisme et le Romanisme, distinction qui, pour moi, est non pas de forme, mais de fond, et essentielle. Je ne conteste donc pas la part large de vérité évangélique, qui est dans le *Catholicisme*, et qui, surtout, peut se trouver et se trouve dans l'âme des catholiques pieux. Les quatre grandes figures de l'histoire qui attirent le plus mon admiration et mon amour, mes quatre maîtres, dirais-je, sont saint Athanase, saint Anselme, saint François d'Assise et Calvin. Je ne conteste donc pas la part large de vérité évangélique qui est dans le catholicisme : je la proclame. Et j'ajoute : si, malgré tout, dans la discussion d'un problème aussi délicat que celui que j'aborde, quelques expressions m'échappaient de nature à froisser quelques convictions, je présente d'avance à qui de droit toutes mes excuses. — Et je continue.

Dans ces conditions, la première tâche de l'historien doit être de bien définir et de bien distinguer le Christianisme d'un côté et le Romanisme de l'autre. Car de cette distinction tout dépend.

Or il se trouve que, loin de distinguer, nos auteurs commencent par sous-entendre la définition en usage dans leurs écoles de théologie, d'après laquelle le Christianisme connu depuis

saint Paul (inclusivement) ne serait que le catholicisme du Moyen-Age. Ils amalgament ainsi le
Christianisme et le Romanisme ; ils constituent un
bloc, et, comme la Réformation et le Moyen-Age
ont certains éléments communs, ils concluent : la
Réformation fait partie du bloc ; la Réformation,
c'est le Moyen-Age.

Mais, en vérité, pourquoi accepterions-nous ces
deux choses : une définition, qui pose, en axiome
sous-entendu, tout ce qui est en discussion, et
une théorie, qui est la plus fausse et la plus dan-
gereuse des théories historiques ?

Loin d'être un bloc, le Moyen-Age est le mélange
parfois poëtique, souvent violent des éléments
chrétiens et des éléments romanistes : comme ses
cathédrales, qui, dans leurs solennelles amplitu-
des, ont porté au degré suprême le contraste de
leurs ombres épaisses et de leurs lumières radieu-
ses. Ceux qui disent : c'est du Moyen-Age, approu-
vons ! ou bien : c'est du Moyen-Age, blâmons ! ;
— ceux qui disent : c'est du catholicisme, incli-
nons-nous ; ou bien : c'est du catholicisme, révol-
tons-nous ; ressemblent à ceux qui diraient : c'est
du gothique, voyez comme c'est délicat et pur !
ou bien : c'est du gothique ; voyez comme c'est
hideux et grotesque ! Pardon ! parlez-vous du
saint, qui nous sourit mystiquement au portail du
sanctuaire, ou bien parlez-vous de la gargouille,
qui ricane là haut, en vous crachant sa pluie ?
Parlez-vous du visage angélique que Fiesole a
peint dans ses ciels d'or, ou de la caricature

scatologique, que le franc-maçon a sculptée sous la miséricorde du chœur ? — Il faut distinguer.

De même, quand on dit : la Réformation prolonge le Moyen-Age, j'interromps, et demande : Pardon ! De quel Moyen-Age s'agit-il ? de ce qu'il y avait d'évangélique, ou de ce qu'il y avait de romaniste dans le Moyen-Age ? Tout est là.

On nous parle *d'ascétisme.* — Mais il y a l'ascétisme romaniste de Damiani et de saint Labre, de flagellante ou de pouilleuse mémoire, et il y a l'ascétisme évangélique de saint Paul et de Jésus-Christ. — La Réformation, dites-vous, l'a conservé. A conservé quoi ? lequel de ces deux ascétismes ? L'un peut être très bon, et l'autre très mauvais.

On nous parle *d'autorité.* Mais il y a l'autorité du pape, de l'Eglise, selon le romanisme, et il y a l'autorité de Dieu, par son Esprit, dans sa Parole et dans nos cœurs, selon saint Paul et le Christ. La Réformation, dites-vous, l'a conservée. A conservé, quoi ? laquelle de ces deux autorités ? L'une peut être très bonne et l'autre très mauvaise.

Tout est là, pour savoir si vous avancez une banalité évidente, ou un paradoxe insoutenable.

Je comprends, il est vrai, que nos contradicteurs ne se soucient pas de se placer à notre point de vue historique, purement historique. Car de ce point de vue, à la grande lumière de la vie et des batailles de l'humanité, quelle étrange figure font leurs théories subtiles, élaborées (comme aurait dit Calvin) dans « l'anglet » de quelque école ?

D'abord voici tout le Romanisme qui se dresse,

et, depuis le premier jour jusqu'au dernier, sans hésitation ni variation, crie : Mon ennemi intime, c'est le protestantisme complet et logique, le Calvinisme. — Et nous, nous penserions que le Romanisme s'est purement et simplement mépris, et se méprend encore ; nous penserions que, uniquement à cause de cette méprise, l'armée immense de la Contre-Réformation a désolé les Pays-Bas, l'Angleterre, l'Allemagne, la France, la Hongrie, sans compter l'Italie et l'Espagne ; nous penserions que, vraiment, à ces papes comme un Caraffa, à ces inquisiteurs comme un Torquemada, la vraie réponse à faire eût été : Vous vous méprenez ! La Réformation se borne à raffiner vos idées et vos méthodes ; en réalité, elle les rend plus efficaces, plus durables ; c'est 200 ans, c'est 1.000 ans de vie de plus qu'elle vous assure ; les Calvinistes,... mais ce sont vos sauveurs. Au lieu de les brûler, remerciez-les !

Puis, voici la Libre-pensée, la plus clairvoyante, qui, par ses félicitations, confirme les anathèmes du Romanisme. Qui de nous ne sait par cœur la page que Michelet, dans une de ses plus sublimes intuitions, a écrite à la fin de son volume sur la Réformation, sous ce titre : « L'Europe sera sauvée par Genève. » Le voyant salue la cité de Calvin : « Point de territoire, s'écrie-t-il, point d'armée, rien pour l'espace, le temps, ni la matière ; la cité de l'Esprit, bâtie de stoïcisme sur le roc de la prédestination. Et maintenant, commence le combat. Que, par en bas, Loyola creuse

ses souterrains ; que, par en haut, l'or espagnol,
l'épée des Guises, éblouissent et corrompent. —
Dans cet étroit enclos, sombre jardin de Dieu,
fleurissent pour le salut des libertés de l'âme, ces
sanglantes roses, sous la main de Calvin. S'il
faut quelque part en Europe du sang et des
supplices, un homme pour brûler ou rouer, cet
homme est à Genève, prêt et dispos, qui part en
remerciant Dieu, et lui chantant ses psaumes. »
— Et nous, nous penserions de nouveau : méprise !
Les Romanistes se sont mépris ; les Libres-
Penseurs se sont mépris. La joie de ceux-ci est
aussi déplacée que la colère de ceux-là. Le calvinisme, salut du Moyen-Age, a été en réalité le
grand obstacle aux Temps modernes ; et c'est une
pitié de voir un Michelet, conduisant le chœur de
tous ces historiens illustres, mais aveugles et
ignorants, qui félicitent la Réformation d'avoir
hâté le règne d'une liberté, dont elle a retardé
l'avènement de plusieurs siècles !

Ah ! plutôt, messieurs, du haut de notre point
de vue historique, contemplons le grand spectacle
qui se déroule devant nous. — Dans leur chauvinisme théologique, quelques savants avaient
pensé faire rentrer le calvinisme dans les ombres
monacales du Moyen-Age. — Et le calvinisme
avait bientôt, et logiquement, entraîné à sa
suite le luthéranisme : c'était tout le protestantisme qui cessait d'être protestant ! — On
aurait dit que le cours de l'histoire se dérobait
aux regards de l'historien, un peu comme autrefois

le Rhône disparaissait dans le gouffre de Belle-
garde. Mais l'histoire s'arrête, et surtout recule
encore moins, si possible, que le plus majestueux
de nos fleuves. Et voici l'histoire qui ressort ; le
calvinisme réapparait, entraînant à sa suite le
luthéranisme, non pas vers les siècles du passé,
mais vers les siècles de l'avenir. Ce sont des
luthériens, ce sont des Allemands, qui, à propos
du récent jubilé de Calvin, revisant les préjugés
de leurs devanciers, avec une belle franchise, et
un noble désintéressement, se sont plû à le
reconnaître. « Seul, le luthéranisme aurait-il pu
briser la puissance papale ? » demande le professeur Loofs, de Halle, et il répond nettement :
« Je crois que non ». — « Si le protestantisme
allemand, dit le professeur Eck, d'Heidelberg, a
été préservé de l'anéantissement qui le menaçait,
c'est Calvin qui a tout fait pour cela ». — « On
peut, déclarent, chacun de leur côté, le professeur
Cornill, de Breslau, et le professeur Wernle, de
Bâle, l'affirmer tranquillement : « S'il y a encore
aujourd'hui une Eglise de l'évangile, le monde le
doit à Calvin. » Que dis-je ! c'est le professeur
Tröltsch lui-même, l'auteur de la thèse ultra-
protestante que nous combattons, qui répète à son
tour : « Le calvinisme... a sauvé le protestantisme dans la crise mondiale » et, — au risque,
non pas seulement de corriger, mais d'ébranler
toute sa thèse ancienne, — ajoute : « le calvinisme a devant lui un progrès plus vivant, et une
union plus étroite — que le luthéranisme — avec

le développement politique et social des peuples dirigeants ».

Et alors, Messieurs, peu à peu, au bruit de ces anathèmes ou de ces applaudissements, dans la clarté des événements historiques, je vois surgir de nouveau, au centre de l'Europe, la citadelle aux murs imprenables. Ceux qui en sortent, les uns après les autres, ce sont les soldats du protestantisme, ceux qui vont construire les forts, aux lieux les plus menacés, là où se livrent les batailles décisives, sur toutes les frontières de la chrétienté, comme autrefois la Rome païenne envoyait ses légions opposer leur poitrine à tous les envahisseurs de l'empire. C'est là-bas, à la limite des îles britanniques, contre les Stuarts et les Guise, l'Ecosse calviniste de Knox; c'est là-bas, à l'horizon, à la limite des possessions espagnoles, contre le duc d'Albe et Philippe II, la Hollande calviniste du Taciturne et de Marnix de Ste-Aldegonde; c'est plus loin encore, à la limite des terres autrichiennes, contre les Habsbourg, alliés de l'Espagne, la Hongrie calviniste des Maggyars...

... Et, entre la citadelle et les forts avancés, ce sont tous ces détachements héroïques, qui harcèlent et arrêtent l'ennemi, décimés, mais invaincus, comme les huguenots de France, et les réfugiés de partout, martyrs, semence de calvinistes, en attendant les puritains dans un monde entier, le Nouveau monde.

Tous, capitaines et soldats, pasteurs et colporteurs, ils ont dans leur cerveau les idées claires

de l'*Institution*; ils ont dans leur sang la liqueur
de fer des doctrines calvinistes. Leur calvinisme
donne au protestantisme toute sa force de con-
quête, ou de résistance... Et le flot de la contre-
Réformation peut désormais battre leurs places
fortes...; — en se retirant, ce flot peut rouler du
sang, versé sur les échafauds, des cendres con-
sumées sur les buchers, même des membres brisés
sur les roues... Mais ce flot se retire. Le calvinisme
sauve le protestantisme; et le protestantisme sauve
l'Europe de l'influence du romanisme, pour l'avènement des Temps modernes !

II

Mais après nous être aussi placés à un point de
vue extérieur, historique, nous ne faisons aucune
difficulté de nous placer à un point de vue intérieur et psychologique. — Au contraire : car la
psychologie va nous expliquer l'histoire.

Et d'abord elle va nous expliquer que si la
Réformation a clos le Moyen-Age, c'est parce
qu'elle a créé un *individu nouveau*.

On nous dit : La Réformation s'est bornée à
poser la question du salut, comme au Moyen-Age.
Nous répondons : La question du salut? Oui.
Comme au Moyen-Age ? Non.

La question du salut, en effet, n'est la question
ni du Moyen-Age, ni de la Réformation ; c'est la

question du Christianisme. Le Christ a défini sa mission, en disant : « Le Fils de l'homme est venu pour chercher et sauver ce qui était perdu. » Et, entre cette demande : « Que dois-je faire pour être sauvé ? », et cette réponse : « Ta foi t'a sauvé», tout l'évangile tient, l'évangile des apôtres et du Christ.

En conséquence, pour prouver que la Réformation et le Moyen-Age ont une même conception religieuse de la vie, il ne sert à rien de dire : tous deux ont emprunté au Christianisme sa grande question. Cela ne sert à rien, et c'est cela que l'on fait. — Il faudrait prouver que tous deux ont apporté au même problème la même solution. Cela seul importe, et c'est cela qu'on ne fait pas. Pour cause ; car ils ont apporté deux solutions contraires.

L'Eglise du Romanisme avait fini par organiser un ordre de vie, non pas d'après les principes de saint Augustin, et moins encore de saint Paul, mais d'après les principes du moine Pélage, leur adversaire irréconciliable. Il y a des *bonnes œuvres* : tel est l'axiome initial et fondamental. Ces bonnes œuvres suffisent pour *mériter* le salut. Quant aux œuvres mauvaises, qui ne manquent dans aucune vie d'homme, elles peuvent être compensées, ou rachetées, par d'autres œuvres, même accomplies par d'autres hommes, les œuvres surérogatoires des saints, les œuvres sacramentales, ou sacrements, de l'Eglise. — Le salut est par les œuvres.

Et la Réformation a organisé un ordre de vie
non pas d'après Pélage, mais d'après saint Augustin, et surtout saint Paul. Il n'y a pas de bonnes
œuvres : tel est l'axiome initial et fondamental.
Les bonnes œuvres de chaque fidèle ? Scandale. —
Les bonnes œuvres des saints, des moines, même
les œuvres sacramentales de l'Eglise ? Scandale !
— Le salut est par la foi.

Et je dis : l'individu dont le salut est par les
œuvres, et l'individu dont le salut est par la foi,
sont deux individus différents.

Chez le Romaniste, en effet, la bonne œuvre est
extérieure. — Oh ! ici encore je ne veux rien exa-
gérer ni méconnaître. Je n'oublie pas le rôle de la
foi dans l'âme des catholiques pieux, et la condition de leurs œuvres bonnes, à savoir les « dispositions nécessaires. » Seulement je rappelle que
les catéchismes officiels du Romanisme réduisent
ces dispositions au minimum. Pour la Pénitence,
la « contrition » n'est pas nécessaire ; il suffit de
l'attrition, dite « contrition imparfaite », et même
cette attrition peut être incomplète comme elle est
imparfaite. — La messe peut être dite à voix basse,
donc pas entendue ; en latin, donc pas comprise;
messe pour les absents ou les morts, donc sans
que l'individu s'en doute. — Chez le calviniste,
la foi est intérieure. Que serait une foi ignorée du
croyant ? incomprise du croyant ? implicite ? informe ? par procuration ? — A une tendance *extérieure*, s'oppose, dans l'individu, une tendance
intérieure.

De plus, le Romaniste ne peut pas faire des bonnes œuvres tout seul. Il a besoin d'être assisté par un autre homme, le prêtre; et par l'œuvre de ce prêtre, le sacrement. Il en a besoin, quand il entre dans la vie, pour recevoir le sacrement du baptême. Il en a besoin quand il entre en adolescence, pour recevoir le sacrement de la confirmation. Il en a besoin quand il fonde une famille, pour recevoir le sacrement du mariage. Il en a besoin, quand il vit, pour recevoir le sacrement de l'absolution. Il en a besoin, quand il meurt, pour recevoir le sacrement de l'extrême-onction. — Faute de cet homme, qui est le prêtre, cet homme, qui est le fidèle, naît mal, se marie mal, et meurt mal. — Le Calviniste, au contraire, entre le fidèle et Dieu ne rencontre ni prêtre, ni homme, ni rien! En face de Dieu, il est seul. Et tout ce qui doit être fait, dit, ou senti dans sa vie religieuse, doit être fait, dit et senti pour lui, par lui seul. — A une tendance *passive*, s'oppose, dans l'individu une tendance *active*.

Alors, d'un côté, je vois une chose immense, qui s'étend sur toute la terre, qui monte jusqu'au ciel. — Avec son système de discipline, d'ordonnances, d'institutions, depuis le prêtre, pardonnant les péchés à la place de Dieu, dans le petit confessionnal du village humble, jusqu'au pape, le front ceint de sa triple tiare, les mains ornées des deux glaives, et déclarant, avec Boniface VIII, que le souverain pontife a tous les droits enfermés dans sa poitrine, comme dans une armoire;

in scrinio pectoris....... c'est la hiérarchie du Romanisme !

Et de l'autre côté, je vois un petit moine qui arrive. A la main, il tient un marteau. Il frappe. La porte de l'église de Wittenberg retentit, et les échos répandent dans la chrétienté le bruit des craquements profonds. L'édifice vacille. Les grandes pierres tombent; avec un immense tressaillement, les poitrines se soulèvent, les cœurs battent, les consciences frémissent. Et, dans l'espace devenu libre..... c'est l'individu de la Réformation !

Et vous diriez : Oh ! ce n'est rien : c'est un moine qui passe, il y en a d'autres ! C'est un sanctuaire qui tombe; il y en a d'autres. Le Moyen-Age continue. Je vous réponds : la hiérarchie romaniste de moins entre le ciel et la terre, c'est un nouveau ciel, et une nouvelle terre, celle où l'individu habite ; un individu, intérieur, avec le maximum de concentration intérieure, — actif, avec le maximum d'activité; l'individu le plus individuel qu'il soit possible de concevoir !

Alors le Calviniste s'exalte. Cet individu est voulu, comme individu, par Dieu; c'est l'individu de Dieu, de toute l'éternité pour toute l'éternité ! Qui le touchera? qui le domptera? qui le brisera? D'un côté tous les hommes; de l'autre, Dieu.... La partie n'est pas égale. Dieu, avec toute la gendarmerie céleste, veille sur lui. Que les vents de la persécution soufflent en tempête ! Que les inquisiteurs dressent leurs gibets, ou allument leurs bûchers ! Que les empereurs mobilisent leurs armées et déciment leurs peuples ! L'individu choisi par Dieu, sûr du triomphe final, reste inébranlable dans cette inexpugnable forteresse qu'est son individualité, la cité même de Dieu, aux murailles solides et ardentes, comme le fer rouge, qui, sur l'enclume, au choc du marteau, ne répond qu'en jetant des étoiles éblouissantes ! *Homo divinus*, dit Calvin !

Ici, je n'ignore pas les nombreuses objections, qui se pressent, et dont la plus spécieuse est celle-ci : « Vous oubliez donc que le protestantisme, et en particulier, le calvinisme a enseigné la corruption totale de l'individu ? Est-ce sa façon d'en proclamer l'importance ?

Oui, messieurs ; la doctrine de la corruption totale a été pour le calvinisme sa façon — paradoxale, si vous voulez (paradoxe n'est pas synonyme d'erreur), mais radicale, — de proclamer l'originalité et la grandeur de l'individu nouveau.

Pour le calvinisme, en effet, il y a tellement peu de bonnes œuvres, que, au fond, il n'y a pas d'œuvres du tout ; c'est-à-dire, il n'y a pas d'œuvres bonnes ou mauvaises, en elles-mêmes. Les œuvres, actes isolés et extérieurs, sont des apparences, qui peuvent tromper. L'individu, dont les mains font dix aumônes par orgueil, est moins bon que l'individu qui fait une seule aumône par état d'âme charitable. L'individu, dont les doigts égrènent un chapelet par hypocrisie, est moins

bon que l'individu qui n'égrène pas de chapelet
du tout, mais dont l'état d'âme est la sincérité.
L'individu, ce n'est pas l'acte, c'est l'intention de
l'acte ; ce n'est pas l'acte extérieur, c'est l'état
d'âme intérieur. L'œuvre n'est rien ; l'individu,
dans son for intérieur, est tout.

Sans compter que l'individu n'est pas composé
de fragments divers. Un individu *n'a, n'est* qu'*un*
état d'âme, total unique de toutes ses idées et de
tous ses sentiments. Un individu n'est pas pieux
d'un côté de la porte de l'église ou du temple, et
mondain de l'autre côté ; bon vivant, le mardi-
gras et ascète le mercredi des cendres, selon la
série alternante de ses œuvres de piété ou de
mondanité, d'ascétisme ou de gourmandise, de
contrition ou de débauche. — L'œuvre n'est rien ;
l'individu, dans son for intérieur, est tout.

Sans compter, enfin, qu'il n'y a pas plusieurs
genres de lois, loi inférieure dite des commande-
ments, et loi supérieure, dite des préceptes ; ni
plusieurs genres de péchés, péchés dits véniels et
péchés dits mortels. Il n'y a qu'*une* loi, comme
il n'y a qu'*un* état d'âme. « Quiconque observe
toute la loi, à part un commandement qu'il viole,
est coupable, comme s'il les avait violés tous. »
Et tout en repoussant « le paradoxe des stoïques
qui faisaient tous les péchés pareils », Calvin
déclare que toutes les rebellions contre Dieu sont
des rebellions contre Dieu, entraînant la sépara-
tion du pécheur et de Dieu, c'est-à-dire la mort du
pécheur. Peu importe que l'eau s'échappe par une

fissure, ou par plusieurs, à flots ou à goutte, la moindre goutte... suffit pour manifester la corruption de toute la source. L'œuvre n'est rien : l'individu dans son for intérieur est tout.

En conséquence, une bonne œuvre n'est bonne, que si elle est accomplie par un individu bon, intérieurement, vraiment bon, c'est-à-dire toujours et partout bon, dans tout son cœur, dans toute son âme, dans toute sa pensée.

— Malheur à moi, soupire alors le fidèle ! A ce prix jamais je n'ai fait, ni ne ferai des bonnes œuvres !

— Précisément.

— Mais alors, Dieu m'ordonne ce que je ne puis faire ?

— Précisément. Ou bien voudrais-tu mesurer la sainteté de ton Dieu à la souillure de ton humanité ? Ah ! sans doute, Dieu, l'Etre juste, ne peut ordonner que ce qui est possible à l'homme, — mais à l'homme normal. Es-tu l'homme normal ? Aurais-tu l'audace de soutenir que l'homme est resté ce qu'il était, en sortant des mains de son créateur ? Et si tu n'es pas l'homme normal, pourquoi oses-tu prononcer ce blasphème, que Dieu doit abaisser sa morale au niveau de ta corruption ? Dieu est Dieu, quel que soit l'homme, et la loi divine reste la loi divine, là-haut, dans le ciel, où habitent les anges ! Même, n'as-tu pas observé que les étoiles pâlissent, quand le soleil paraît ? Ainsi, la pureté angélique elle-même, n'est pas la sainteté divine. Dieu se *contente* de la pureté angélique, car une créature n'est pas le créateur. Mais la loi, la morale, le bien est plus haut, plus haut encore, dans l'éblouissement, dans le ravissement du ciel !

— Éblouissement ? ravissement ? gémit plus profondément encore le fidèle. Ah ! non, mais impuissance et désespoir.

— Arrête ! Ton impuissance aurait lieu de désespérer, si, chassée de partout, la bonne œuvre rentrait subrepticement avec la foi elle-même, si la foi était, malgré tout, une sorte de bonne œuvre, un acte. Mais non, et encore non ! La foi n'est pas un acte de l'intelligence, un assentiment à une vérité ; elle est cela, et autre chose. — La foi n'est pas même un acte du cœur, prenant possession de son objet, qui est Dieu. Elle est cela, certes, et autre chose, et plus, beaucoup plus. La foi est un état d'âme.

Corruption totale : foi totale ! La corruption totale nécessite la foi totale ; et la corruption totale n'est proclamée que pour que la foi totale soit désirée, et obtenue. Comment ? par le seul changement qui puisse changer un état d'âme en un état d'âme contraire : par une régénération, par une nouvelle naissance, — impossible à l'homme, oui, mais facile à Dieu, — par une création nouvelle.

Une création : rien de moins !

Mais alors que l'individu ancien soit infiniment petit, l'individu nouveau est infiniment grand, de toute la grandeur de Dieu !

Que l'individu ancien soit infiniment faible et misérable ; l'individu nouveau est infiniment fort et heureux, de toute la force et de toute la félicité de Dieu !

Des bas fonds de la corruption totale, l'individu est retiré, emporté de hauteurs en hauteurs, dans les cercles ascendants, qui montent jusqu'à la gloire totale, la gloire de Dieu : *Homo divinus !* répète Calvin, le théologien ivre de divinité et de moralité, *Homo divinus !*

III

Et alors, messieurs, si personne ne peut contester la vérité de cet axiome, tel individu, telle société, il est également incontestable qu'en créant un individu nouveau, la Réformation en général, et tout particulièrement le Calvinisme, a créé une société nouvelle — c'est facile à constater.

La première forme de la société, que le Calvinisme renouvelle, c'est la société ecclésiastique, l'Eglise. — L'église du Romanisme, *moyen de grâce*, n'était pas la société *des* fidèles ; c'était une institution théocratique *pour* les fidèles. — L'église calviniste, moyen de grâce, est, de plus, la société *des* fidèles : et de cette différence de principe vont résulter toutes les différences d'application.

L'église du Romanisme, n'étant pas une société, était une hiérarchie. — L'église calviniste, société

des fidèles, est une démocratie. Tous ceux, qui
en sont membres, le sont à titre égal, pasteurs et
laïques, et travaillent ensemble à l'œuvre de la
doctrine dans les synodes, à l'œuvre de l'adminis-
tration dans les consistoires, à l'œuvre de la charité
et de la bienfaisance dans les diaconats.

De plus, l'église du Romanisme, n'étant pas
une société, soumettait le troupeau de ses fidèles
à un gouvernement de monarchie absolue. —
L'Eglise calviniste, société des fidèles, crée elle-
même, choisit et nomme, par une série d'élections,
son gouvernement essentiellement représentatif.

Enfin : l'église du Romanisme, n'étant pas une
société, n'a pas de constitution délibérée, et
votée par ses membres. — L'église calviniste, des
sociétés fidèles, a une constitution, — sa profes-
sion de foi et sa discipline — que ses réprésen-
tants ont régulièrement et librement discutée et
votée. Et ce point mérite d'être considéré avec
quelque attention. Toute constitution, non pas
octroyée, mais libre, toute constitution au sens
moderne, est, plus ou moins, un pacte, un
contrat, une alliance : idée et mots familiers à la
Bible, qui parle sans cesse de l'alliance de Dieu
avec Noë, de l'alliance de Dieu avec son peuple,
de l'ancienne et de la nouvelle alliance. — Tout
naturellement, cette idée et ces mots deviennent,
à leur tour, familiers à des lecteurs de la bible,
comme les Réformés. Zwingle parle de contrat.
Calvin parle de contrat, avant même d'écrire son
Institution. Bullinger, les Réformateurs suisses,

parlent de contrat, rédigent des catéchismes,
d'après cette idée de contrat ; et, finalement, un
théologien célèbre expose toute la théologie,
d'après la doctrine des contrats successifs entre
Dieu et l'homme. — La logique la plus élémen-
taire devait donc pousser les calvinistes à faire
reposer leur société ecclésiastique sur une de
ces alliances, sur un de ces contrats, c'est-à-dire,
sur une de ces constitutions acceptées, jurées par
les fidèles. En arrivant à Genève, Calvin commence par faire jurer aux habitants la confession
de foi. A l'exemple de Genève, toutes les
églises réformées ont des professions de foi parti-
culières, nationales, que signent les fidèles, au
moment où ils se groupent, que signent les pasteurs, les anciens, les diacres, les docteurs, au
moment où ils entrent en charge : et c'est la
charte, la constitution, qui fixe et proclame les
droits et les devoirs du fidèle !

Ainsi d'un côté : pas de société, et de l'autre :
une société ; — d'un côté, pas de démocratie, et de
l'autre : une démocratie ; — d'un côté, pas de
représentation, et de l'autre : une représentation ;
— d'un côté : pas de constitution, de l'autre :
une constitution... — Entre l'Eglise du Romanisme et l'Eglise de la Réformation, la contradiction est absolue.

Or, Messieurs, la société ecclésiastique modèle
à son image la société civile. — Et ici vous allez
vous-mêmes, je m'assure, reconnaître, constater,
toucher du doigt l'erreur de la conception fort à

la mode aujourd'hui, et cependant trop superficielle en vérité, d'après laquelle on pourrait établir une sorte de cloison étanche entre la théologie d'un système religieux et son idée de la société politique; d'après laquelle, tout au moins, il serait permis de couper tous les liens entre cette théologie et cette politique, pour accepter l'une et rejeter l'autre, de telle sorte que Calvin aurait été l'homme des Temps modernes en politique et en sociologie, tout en restant l'homme du Moyen-Age en théologie et en morale ! Non ; non. Aussi évident est-il que l'Eglise de Calvin dépend de sa théologie, aussi évident est-il que sa société politique dépend de son Eglise et par conséquent encore de sa théologie. — Du reste il y a ici plus qu'un fait particulier : il y a une loi générale de l'histoire. L'Eglise est le lien visible, tangible, entre la religion des âmes et le gouvernement des peuples, l'intermédiaire incessant, le canal toujours ouvert par lequel les croyances pénètrent la société. — La théologie en effet n'est l'affaire que de quelques-uns ; mais l'Eglise traduit, explique à l'usage de tous la théologie. Combien de catholiques ont lu la *Somme* de saint Thomas ? Mais cette *Somme,* son esprit, a été inoculé de générations en générations aux catholiques, par le culte, par la liturgie, par les rites, par les sacrements, par le confessionnal, et cette *Somme,* dont ils ignorent l'existence, est comme dans le sang de leurs veines, et dans la moëlle de leurs os. — De même pour le Calvinisme. Sans doute beaucoup lisaient l'*Institution* de Calvin ; et de cette *Institution*, nos grands publicistes eurent bientôt fait de tirer certains principes, qu'il est vraiment difficile de ne pas reconnaître pour nos principes politiques modernes. Mais à quoi bon discuter ? Ces libelles, ces pamphlets, c'était encore de la théorie : tandis que l'Eglise calviniste était ce qu'est toute église : la théorie mise en pratique ; — la leçon de choses aussi claire que constante ; — l'éducation minutieuse et rigoureuse donnée, tous les jours, toute leur vie, à tous les hommes, à toutes les femmes, à tous les enfants : la grande éducatrice, politique et sociale, des peuples !

Et en effet, Messieurs, l'Eglise calviniste étant pour les calvinistes, une société, — l'Etat ne pouvait pas ne pas être, et fut une société... de citoyens.

De plus, l'Eglise calviniste, étant une démocratie, — pour les calvinistes, l'Etat ne put pas ne pas être, et fut une démocratie. Après avoir forcé le syndic à déposer son bâton, symbole de sa charge, à la porte du Consistoire, après avoir cité à la barre de leur Consistoire les nobles, et même les princes, comment ces bourgeois, ces citoyens auraient-ils conservé dans leurs clairs et fermes cerveaux l'idée de caste ? Et l'on comprend que, pour s'être inspirés de cet esprit, les calvinistes aient vite été dénoncés comme des républicains, et que le représentant de la monarchie absolue, le roi Jacques Stuart se soit, un jour, écrié : « le calvinisme et la monarchie absolue s'accordent, comme Dieu et le diable ! »

De plus, l'Eglise calviniste étant une organisation élective, — pour les calvinistes, l'Etat ne pouvait pas ne pas être, et fut un gouvernement représentatif, et la France politique a peu à peu réalisé les institutions représentatives dont le Calvinisme français avait donné le modèle, dès 1559 : conseil de commune, correspondant au conseil d'église, — conseil d'arrondissement, correspondant au conseil de district, ou colloque; — conseil général, correspondant au synode de province, et Parlement, correspondant au Synode National !

Et enfin et surtout l'Eglise calviniste ayant à sa base un contrat, une constitution, — pour les calvinistes, l'Etat ne pouvait pas ne pas avoir, et eut, à sa base, un contrat, une constitution. De telle sorte que ce ne sont pas seulement — comme on l'a si souvent et si pertinemment démontré ces derniers temps — la liste des droits du citoyen français, qui a été copiée, avec une plus ou moins grande fidélité, sur les listes des droits des citoyens américains, et puritains, c'est beaucoup plus encore : c'est l'idée fondamentale et générale du contrat entre le peuple et les gouvernants, entre chaque peuple et chaque gouvernement — car si l'évangile est unique, les confessions de foi sont diverses, et tout en se montrant aussi *catholique*, c'est-à-dire universel, que le catholicisme lui-même, le Calvinisme est aussi national que le Romanisme est international ; — en un mot c'est l'idée de la constitution nationale, loi et garantie suprêmes de l'homme et du citoyen, dont le Calvinisme a doté notre société politique.

Et c'est ainsi, messieurs, que en face l'une de l'autre se sont dressées, avec les deux individus, les deux sociétés, il faut dire les deux cultures ou civilisations : — En face de la culture, de la civilisation du Romanisme, pour qui le vrai fidèle était le religieux, comme on disait, c'est-à-dire le moine ; pour qui « se convertir », « entrer en religion », comme on dit encore, signifiait entrer dans un couvent ; et dont l'idéal ascétique avait fini par se réaliser dans une triple fuite de la nature et du monde : fuite de la famille par le célibat ; fuite du travail par la mendicité ; fuite de la liberté individuelle par l'obéissance passive à un supérieur, *Perinde ac cadaver !* — la culture, la civilisation de la Réformation, par laquelle l'homme est appelé à déployer, avec une énergie incomparable, toutes les forces de son être dans la famille, dans le travail et dans l'indépendance intérieure vis-à-vis de tous les hommes ; dont l'idéal anti-ascétique consiste à saisir, à se soumettre, à s'approprier le monde naturel pour en user, et en jouir de toutes les façons, à la gloire du Père céleste !

Entre la société civile du Romanisme, et la société civile de la Réformation, la contradiction est absolue. — La Réformation, ce n'est pas le Moyen-Age !

Concluons, messieurs, il en est temps : et ne discutons plus ; bornons-nous à regarder.

J'étais en Hollande, à Amsterdam, dans une

chambre bien close, bien silencieuse, au haut
d'une maison. Les grandes fenêtres laissaient
mon regard errer çà et là dans le brouillard, qui
estompait les lignes, assourdissait les bruits, et
me donnait la sensation d'un isolement, et d'un
recueillement profonds. Seul le vieux carillon de
l'église voisine, égrenait de temps en temps les
notes de son psaume, et les laissait discrètement
tomber sur cette ouate blanche. J'étudiais Calvin,
les idées de Calvin, en m'aidant de ces commen-
tateurs hollandais, dont le calvinisme intégral a
si bien su mettre en lumière toute une partie de
l'œuvre de notre Réformateur, je veux dire ces
principes théologiques, qui ont fait du Calvinisme
la grande puissance sociale et économique, qu'il
est resté jusqu'à aujourd'hui.

Puis le soleil dissipa le brouillard, et, laissant
mon *Institution*, mais emportant dans mon esprit
son esprit, et dans ma mémoire ses idées et ses
phrases, je me mis à parcourir la Venise du Nord,
la ville dont le citoyen a conquis sur l'Océan, le
sol boueux, où il enfonce les pilotis de sa maison,
comme il a conquis sur le Romanisme espagnol la
foi solide, sur laquelle reposent les garanties de
toutes ses libertés.

J'arrivai bientôt devant un édifice grand,
puissant : c'était la Bourse. — Et aussitôt ma
pensée me dit : c'est logique. La Bourse est une
création calviniste. — Car qu'est-ce qu'une
Bourse, sinon le lieu de commerce de l'argent ?
Et qui a combattu les vieilles idées du Moyen-Age,

III

et même de Luther, sur le commerce de l'argent,
c'est-à-dire sur le prêt à intérêt, sinon Calvin,
dans des consultations célèbres ? — Certes, je
sais les conséquences fâcheuses, déplorables,
détestables, que, malgré toutes ses précautions, le
monde moderne a tiré de ses principes. Mais si
l'homme, qui fit jaillir la première étincelle du
feu, qui allait éclairer et réchauffer l'humanité,
malgré tous les dangers et toutes les catastrophes,
reste un bienfaiteur de l'humanité ; si le premier
inventeur de la machine à vapeur, malgré tous
les dangers et toutes les catastrophes sur terre et
sur mer, reste un bienfaiteur de l'humanité ; celui
qui, par la théorie du prêt à intérêt, a posé les
fondements de la grande industrie, et du grand
commerce, a été aussi, en dépit des vices et des
crimes du capitalisme, un bienfaiteur de notre
société. — Et sur la porte de cette Bourse calviniste, comme sur un écriteau invisible, je vois
l'inscription : ici finit la civilisation du Moyen-Age ;
ici commence la civilisation du monde moderne.

Puis je continuai ma route, le long des canaux.
Je traversai les quartiers juifs, où Rembrandt vint
trouver ses modèles et ses couleurs d'Orient, et,
devant un grand carrefour de canaux élargis, je
m'arrêtai : c'était le port. Un beau soleil illumi-
nait, égayait le fouillis pittoresque des bateaux des
marins, des marchands, des produits exotiques.
Et de nouveau ma pensée me dit : c'est logique.
Le grand commerce est une création calviniste. —
Le Moyen-Age, de même que l'antiquité, l'aurait

proscrit comme le fait d'une avarice sordide ou d'une mentalité sans dignité. Au Moyen-Age, le marchand ne plaisait pas à Dieu, l'état de marchand avait quelque chose de honteux. Un noble ne pouvait être que soldat ou prêtre, et, pendant de longs siècles, ce fut « *déroger* », que de gagner sa vie, en gagnant quelque argent. — Alors Luther, et, avec plus de logique encore, Calvin, proclamèrent la grande idée de la « *vocation* », une idée et un mot qui se trouvent dans toutes les langues des peuples protestants : *Beruf, Call, vocation*, et qui manquent dans les langues des peuples de l'antiquité, ou de culture médiévale. La « vocation », c'est l'appel de Dieu adressé à chaque homme, quel qu'il soit, pour le charger d'un travail spécial, peu importe lequel. Et les appels, par conséquent les appelés, sont égaux entre eux. Le bourguemestre est bourguemestre de Dieu ! le médecin est médecin de Dieu ! le marchand est marchand de Dieu ! l'ouvrier est ouvrier de Dieu. Toute vocation, libérale, comme on dit, ou manuelle, la plus humble, la plus vile, comme la plus noble, la plus glorieuse, selon les apparences, est de droit divin.

Seul le paresseux est « ignoble », et, tandis que le Romanisme multiplie ses ordres mendiants, la Réformation bannit de ses villes les oisifs. Dans la cité calviniste, anciens patriciens, anciens nobles, savants illustres, riches bourgeois et syndics, impriment, relient, confectionnent des boutons, fondent des fabriques de drap et de velours... Et au grand souffle, qui enfle les voiles, et fait balancer les carènes des navires, prêts à prendre le large, je vois de nouveau l'écriteau invisible avec l'inscription : Ici finit la civilisation du Moyen-Age ; ici commence la civilisation du Monde moderne !

Et déjà, suivant le bord des canaux et l'enchaînement de mes réflexions, j'avais continué ma route. Voici le musée.

Je parcours des salles, où il y a des saints et des saintes, où les figures ont des auréoles d'or, tracées dans des ciels d'azur. Et certes, parfois, ce mysticisme passif, cet ascétisme contemplatif est singulièrement touchant et pieux. Mais évidemment tous ces tableaux sont pour autels et chapelles, pour les cloîtres et les églises du Moyen-Age. Et des salles semblables, on en voit, plus belles encore, en France, en Italie, ou en Espagne.

Mais j'arrive à des salles, comme il n'y en a ni à Paris, ni à Florence, ni à Madrid. — Plus d'auréoles d'or, ni de ciels bleus ; plus de mysticisme ni d'ascétisme. Certes la piété n'est pas absente, et sur les genoux de cette matrone, si austèrement et si élégamment vêtue d'une robe de velours noir et d'une collerette blanche — peut-être le plus beau portrait de la galerie — le livre entr'ouvert, la Bible, dit suffisamment à tous la religion familière, familiale, qui anime ce peuple : car ces portraits, et encore ces portraits, du haut en bas de ces murs, ce sont bien les portraits de tout un peuple, portraits isolés ou groupés.

Or le portrait isolé, qu'est-ce ? l'individu dans sa réalité, dans sa variété, et dans sa dignité, digne d'être peint, précisément parce qu'il est un individu, cordonnier ou amiral, maîtresse ou servante, un individu, — comme on le dit abusivement des rois seuls, — « par la grâce de Dieu. »

Et les portraits groupés, ou la corporation, qu'est-ce ? les individus fiers de la « vocation », à laquelle ils ont été appelés, glorifiant le travail commun, qui leur a été confié. Et voilà le patriotisme calviniste, cette *Ronde de nuit*, portraits des citoyens prêts à défendre leur ville et leurs libertés, et qui, au son du tambour, s'avancent d'un tel élan, que plus d'un visiteur tressaille, comme pour les laisser passer ! — Voilà le commerce calviniste ; ces *Syndics drapiers*, portraits des marchands, qui discutent simplement leurs intérêts, mais dont l'attitude simple et grave, respire toute la loyauté de leur énergie ; — voilà la science calviniste, cette *Leçon d'anatomie*, portraits des savants, des médecins, qui entourent un cadavre, et, le scalpel à la main, recherchent les traces de la sagesse divine et les secrets qui seront bienfaisants pour la souffrance humaine !

Alors enfin, Messieurs, il n'y a plus de place pour le doute. Rien ne peut plus être discuté. Tout se voit et se touche.

Le portrait de cette culture, de cette civilisation, — non plus pour les couvents et les cathédrales — mais pour les maisons familiales et les hôtels de ville, entre la Bourse et le port, — ce portrait

de la culture, de la civilisation calvinistes, vous
le reconnaissez tous ; — un enfant, un ignorant le
reconnaîtrait : c'est le portrait de la culture, de
la civilisation modernes... Le Moyen-Age a bien
fini ; et les Temps modernes ont bien commencé...
La Réformation, ce n'est pas le Moyen-Age. —
J'ai dit.

II

La Réforme
et les Temps modernes

La Réforme et les Temps modernes [1].

Nous avons commencé par examiner la thèse d'après laquelle la Réformation ferait encore partie du Moyen-Age.

Cette thèse mérite le nom d'ultra-protestante. Car, si étrange que cela paraisse, ce sont des théologiens protestants, qui veulent faire au catholicisme romain ce cadeau : toute la Réformation, avec, par-dessus le marché, saint Paul.

Mais voici. Le catholicisme romain n'accepte ce cadeau... que sous bénéfice d'inventaire. — Certes, que des protestants viennent à résipiscence, et, désavouant au xxme siècle leurs pères du seizième, reconnaissent enfin la grande prétention romaine à la continuité, ininterrompue depuis saint Paul, inclusivement... le catholicisme accepte, et avec plaisir. Mais que, en même temps, il prenne à son compte la Réformation elle-même, et voie dans son ennemi, non seulement un frère, mais un Sauveur... Ah ! Non. *Vade retro*. Et, à la thèse

(1) Conférence donnée dans la salle de la Société d'encouragement pour l'industrie, le 21 avril 1910.

ultra-protestante : « *la Réformation, c'est le Moyen-Age* » ! le catholicisme romain oppose la thèse ultramontaine : « *la Réformation, c'est la Révolution* » !

Le pape lui-même, Léon XIII, s'est exprimé, comme suit, dans sa fameuse Encyclique sur la Secte des Socialistes, des Communistes et des Nihilistes : « Cette audace d'hommes perfides, qui menace de dangers, chaque jour croissants, la société civile... a son origine et sa raison dans les doctrines empoisonnées, qui, répandues autrefois parmi les peuples, comme de mauvaises semences, ont, en leur temps, porté des fruits pestilentiels. Car vous savez très bien, vénérables frères, que la guerre acharnée, commencée contre la foi catholique, dès le seizième siècle, par les Novateurs... tend, après avoir mis de côté toute révélation,... à ne plus laisser de place qu'aux inventions, ou plutôt aux délires de la Raison. » — Réformation, Socialisme, Communisme, Nihilisme : telle est la chaîne, et tels sont les chaînons. Et l'on n'est pas trop étonné de lire, dans une feuille, distribuée ces jours-ci aux élèves d'un lycée de Paris, ces lignes : « Alliés aux mauvais français, des parasites forment en France une oligarchie de conquérants juifs, protestants, maçons et métèques... Un enseignement protestant et anarchique pervertit l'esprit public... Par lui, les caprices ou les passions de l'homme, appelés *sa conscience*, nous sont proposés comme dieux. »

D'autant plus sommes-nous reconnaissants de

voir que certains controversistes ont présenté la même thèse, sous une forme, dont quelquefois la convenance permet la discussion : « la Réformation a enfanté l'individualisme révolutionnaire. »

Ce fut en réalité cette thèse que Brunetière alla soutenir à Genève, mais en l'accompagnant, du reste, d'un tel hommage à Calvin, que le discours du célèbre académicien a pu être considéré comme le premier, et pas le moins beau, des discours prononcés en l'honneur de notre Réformateur et de son Jubilé. — C'est cette thèse, — avec l'hommage en moins, — que soutient actuellement le doctrinaire de l'ultramontanisme, M. Charles Maurras : « Le propre du libéralisme protestant, dit-il, et de la démocratie révolutionnaire, est d'avoir voulu établir la cité sur la volonté et la conscience des individus... L'Hervéiste, qui veut choisir sa patrie, ou qui ne veut plus de patrie, tire des conclusions correctes de l'individualisme révolutionnaire et protestant..., d'un système qu'il faut bien appeler par son nom : l'anarchie.» — Et c'est la thèse (la loyauté nous oblige à la reconnaître) qui est adoptée par un certain nombre de protestants graves et autorisés. Pour eux, si la Réformation appartient au Moyen-Age, par presque tous ses principes théologiques, elle appartient à la Révolution, par ses conséquences sociales : « La gravité extrême de la doctrine calviniste sur le témoignage intérieur du Saint-Esprit, disent-ils textuellement, ne se révéla que peu à peu, pour aboutir nécessairement, sur le terrain

politique, aussi bien que dans l'ordre religieux,
à l'individualisme révolutionnaire. »

La thèse : « la Réformation, c'est la Révolution»,
n'en reste pas moins la thèse ultramontaine proprement dite, par excellence ; et c'est à ce titre
que nous avons à la discuter aujourd'hui, pour
achever de répondre à notre double question :
« Où finit le Moyen-Age ? où commencent les
Temps *modernes* ? »

I

Mais avant que, et pour que notre discussion
— une discussion, messieurs, dont vous voudrez
bien aujourd'hui excuser l'aridité, et dont l'aridité
ne vous cachera pas trop, je l'espère, l'importance
— avant que et pour que notre discussion puisse
se remettre en marche, il est absolument nécessaire de faire un sérieux effort, et d'écarter, si
possible, la grande équivoque, qui obstrue notre
route.

En effet, que signifie le mot dont on se sert, et
dont nous allons nous servir nous-mêmes perpé-
tuellement, le mot *moderne* : temps *modernes*,
homme *moderne*, et pour tout dire : conscience
moderne ?

De son sens *réel*, le mot *moderne* désigne l'homme
vivant aujourd'hui. Mais ce sens *réel* est précisément celui dont on tient le moins compte, quand
on parle de la conscience *moderne*. — Au sens

réel, on substitue un sens *arbitraire*, et, par *moderne*, on entend, non pas une conscience moderne quelconque, mais seulement *une* certaine conscience moderne, celle dans laquelle se trouvent certaines conceptions philosophiques et sociales, à l'exclusion des autres conceptions philosophiques et sociales. — Et là, exactement, précisément, est l'équivoque, mère de toutes les équivoques. — En effet, ce choix, de quel droit ?

Dira-t-on : nous donnons le nom de *moderne* à la conscience qui représente la majorité des consciences modernes ? — Peut-être serait-ce alors le moment de vous faire observer que ces deux mots *conscience moderne* n'ont pas de sens, et que la prétendue conscience moderne n'existe pas. Cette entité obscure et louche, qu'on décore du nom pompeux et imposant de conscience, c'est tout simplement un synonyme du mot clair et net : *opinion*. La conscience moderne, c'est un certain total d'opinions modernes, total arbitraire, et dans lequel chacun fait entrer les opinions qu'il préfère, c'est-à-dire les siennes. Le plus souvent *ma conscience* ne veut pas dire autre chose que *moi*.

Mais enfin, supposons que cette expression de conscience moderne soit intelligible ; supposons que la majorité des consciences, dites modernes, puisse être ramenée à un type unique... de quel droit cette conscience serait-elle la norme, le juge des autres consciences ?

La majorité ! je n'admets pas cette confusion

entre la majorité et le droit, entre la majorité et
la vérité.

La majorité ! Elle m'est parfaitement indiffé-
rente. En fait de religion, de morale, je crois que
la majorité se trompe, plus souvent que la mino-
rité. Et je suis trop calviniste pour ne pas savoir
que le plus souvent la majorité est un nom de la
force, de la force aveugle et brutale.

Faire cette majorité d'opinions, — qu'on appelle
la conscience moderne, — juge de Calvin, juge de
l'évangile, je ne vous dirai pas : c'est une incon-
venance, ou un blasphème, — ces mots vous
paraîtraient un peu gros — je vous dirai : c'est
un coq-à-l'âne.

Alors je sais ce qu'on réplique. Ce n'est pas
tant une question de *majorité,* qu'une question de
nouveauté. Nous appelons moderne la conscience
de l'homme, dont les idées sont apparues au
XVIIIe siècle, par conséquent après celles de l'homme
de la Réformation et du Moyen-Age.

Ainsi de l'espace, — et de la place qu'y occupent
les idées, — nous passons au temps, et à la date,
à laquelle les idées y apparaissent. Mais que
signifie ce changement ? En fait de vérité, je ne
reconnais pas plus l'autorité du temps, que l'autorité de l'espace. Si une idée vieille n'est pas vraie,
uniquement parce qu'elle est vieille, pourquoi
une idée jeune serait-elle vraie, uniquement parce
qu'elle est jeune ? Pour juger une idée, pas plus
que pour juger une personne, je ne réclame son
acte de naissance. Dans les deux cas l'imperti-

nence serait égale. Aux idées, comme aux personnes, je demande non pas : « quel âge avez-vous »,
mais : « qui êtes-vous » ?

Toutefois — et ce double point bien fixé — je ne
conteste pas qu'à notre époque, comme à toute,
il y a une *atmosphère intellectuelle*, laquelle mérite
le nom de *moderne* ; et je ne conteste pas davantage, si vous le voulez, que cette atmosphère
moderne s'est peu à peu formée depuis le xviii° siècle.

Une atmosphère, une ambiance atmosphérique,
qui est au-dessus de nos têtes, qui nous entoure
et nous pénètre, dans laquelle nous baignons —
tous —, et qui agit sur nos fonctions vitales —
toutes — celles de notre esprit et celles de notre
corps. Une atmosphère !

Seulement aucun de vous ne l'ignore : une
atmosphère est composée de beaucoup d'éléments
divers, même contraires, depuis les parfums des
fleurs, les émanations salubres des feuilles, jusqu'aux poussières desséchantes des industries et
aux puanteurs des égouts. Nous respirons de l'air,
qui est plus ou moins pur, et, en temps d'épidémie, il y a dans cet air, les microbes de toutes
les maladies mortelles. Voilà notre atmosphère,
à nous habitants modernes de la terre. — De
même, notre esprit, dans l'atmosphère intellectuelle, respire toutes les senteurs de l'évangile,
toutes les vérités de la science, et aussi les émanations d'une foule de sophismes et de vices.
Peut-être même faut-il le reconnaître : nous

sommes tellement en pleine épidémie d'athéisme, de matérialisme, et, d'une façon générale, d'antichristianisme, que les plus chrétiens d'entre nous n'échappent pas complètement à tant d'influences morbides. — Physique ou intellectuelle, une atmosphère, ce sont des rayons de soleil, qui tantôt brillants et tantôt éteints, dansent au milieu des poussières et des miasmes de notre civilisation.

Veut-on appeler *conscience moderne* cette *atmosphère intellectuelle moderne?* La bizarrerie est grande. Mais soit, et alors je ne nie pas son existence, mais je nie deux choses.

La première, c'est que cette prétendue conscience moderne soit, à un degré quelconque, une norme, un critère de la vérité. Pour savoir ce qu'est l'air, on n'analyse pas le gaz retiré du poumon d'un habitant de nos faubourgs, d'un ouvrier de nos usines, ou d'un pensionnaire de nos sanatoriums. On ne juge pas de la composition de l'air d'après la composition de notre atmosphère, mais on juge de la composition de notre atmosphère d'après la composition de l'air. — De même on ne juge pas de la vérité d'après la conscience moderne, c'est-à-dire d'après les idées de quelques-uns — les plus nombreux ou les plus jeunes — de nos hommes de théâtre, de roman, de journal ou même de science et de philosophie, mais on juge des idées, de la conscience moderne de tous ces hommes, d'après la vérité. Une conscience moderne religieuse ne prouverait pas que Dieu est vrai. Une conscience moderne irréligieuse ne prouverait pas que Dieu est faux. — L'atmosphère, viciée d'acide carbonique, peut gêner ma respiration, comme l'atmosphère viciée d'antichristianisme peut gêner ma foi ; ma foi peut en souffrir, en devenir malade, en mourir, asphyxiée. Tout cela ne prouve pas que l'acide carbonique, c'est l'air, ni que l'antichristianisme, c'est la vérité. Et ce n'est pas à l'Evangile à s'adapter à la conscience dite moderne. C'est à la conscience dite moderne à s'adapter à l'Evangile !

En second lieu, ce que je nie, c'est que tous ces éléments de l'atmosphère intellectuelle, de la conscience... moderne, (je parle du fond et non de la forme) soient aussi modernes, qu'on le dit. Toute une série de ces éléments, et pas les moindres, — comme la valeur et les droits sacrés, imprescriptibles de l'individu, l'autonomie de l'homme en face de tous les hommes, — datent de la Réformation. Nous l'avons vu : ils sont d'origine chrétienne. — Et quant aux éléments de Rationalisme d'abord, puis de Déisme, puis d'Athéisme et de Matérialisme, c'est-à-dire quant aux éléments antichrétiens, ils ne sont pas plus nouveaux que les éléments chrétiens : ils le sont moins. Car par la Renaissance, ils remontent au paganisme.

Ni les uns ni les autres ne sont du xviiie siècle. Les uns et les autres sont dès lors autant, ou aussi peu modernes. Ce qui est moderne. ce qui date du xviiie siècle, c'est, au milieu de circonstances par-

IV

ticulières, une combinaison particulière de tous ces éléments déjà existants.

Et nous touchons ainsi au point essentiel : j'y vais tout droit. Car il me tarde de laisser là ces définitions, ces discussions plus ou moins abstraites, et de les illustrer par un fait aussi célèbre, aussi dramatique que la Révolution française.

La Révolution française a eu une *charte* et un *évangile*. Une charte : la Déclaration des droits de l'homme : personne ne le conteste ; et un évangile, le *Contrat social* de Rousseau : et personne non plus ne le conteste, au moins en ce sens, que adversaires aveugles, et défenseurs subtils sont d'accord pour reconnaître que, à la fin du xviiiᵉ, Jean-Jacques fut l'objet d'un véritable « culte » et que ses ouvrages passèrent à l'état « d'oracle », « d'évangile », de « Coran. » — Il est vrai que les uns, faisant de Rousseau un bloc, le déclarent directement responsable de tout ce qu'il y a de pire dans la Révolution française, je veux dire 93 et la Terreur, tandis que les autres, montrant que si jamais homme ne fut pas d'un bloc, ce fut Rousseau, déclarent que ses influences contradictoires ont dû se neutraliser, de telle sorte qu'il n'aurait pas eu d'influence du tout. Et ce sont là jeux fort curieux de la polémique politique. Mais s'il est certain que Rousseau s'est souvent contredit, qu'il a enseigné d'admirables vérités en même temps que de dangereuses erreurs, on ne voit pas pourquoi, selon le cas, les unes et les autres n'auraient pas

produit leurs fruits, comme le grain et l'ivraie,
qui tombent en même temps de la main d'un seul
et même semeur ; on ne voit pas comment on se
débarrassera de toutes les erreurs en se bornant à
parler de boutades imprudentes, d'intempérance
de langage, de fantaisies extravagantes ; on ne voit
pas surtout comment on se débarrasserait de tout
le *Contrat social*, en déclarant que c'est — je cite
textuellement : « un informe assemblage d'inco-
hérences, d'absurdités et de contradictions, un
galimatias double, c'est-à-dire quelque chose
d'inintelligible, non seulement pour le lecteur,
mais pour l'auteur lui-même. » Non ; ce pauvre
Jean-Jacques a été assez calomnié par ses ennemis pour ne pas être ainsi défendu... par ses
amis ; et leurs bizarres efforts pour supprimer le
Contrat prouvent tout simplement la gêne que ce
Contrat leur cause, comme l'importance qu'ils lui
attribuent. Disons donc que Jean-Jacques Rousseau, qui fut beaucoup de choses, fut entre autres
choses disciple (trop infidèle) du réformateur Calvin, et disciple (trop fidèle) du législateur Lycur-
gue ; que le *Contrat* fut écrit par un descendant des
vieux genevois calvinistes, en qui soufflait l'esprit
d'un paganisme spartiate. Il restera ainsi vrai que
la Révolution française a eu une *charte* : la Déclaration des droits de l'homme, et un *évangile* :
le *contrat social* de Rousseau. Or quelle est l'idée
fondamentale de la Déclaration ? l'homme a des
droits, d'une nature spéciale, naturels ; c'est-à-
dire que personne, ni individu, ni société ne les

lui a donnés, et ne peut les lui ôter. Ces droits naturels sont, par nature, imprescriptibles, sacrés, inaliénables.

Et quelle est l'idée fondamentale du *Contrat social* ? le citoyen n'a pas de droit naturels. Par une fiction (qu'il n'est pas opportun de discuter), au moment où il entre en société, l'individu, quel qu'il ait été et quel qu'il soit, s'aliène tout entier, corps et âme : « aliénation totale », dit Jean-Jacques ; et encore : « aliénation sans réserve » ; et encore : « aliénation de lui et de ses forces » ; et encore : aliénation de chaque associé avec tous ses droits à toute la communauté. » — Dans le citoyen, au lieu de droits de nature, il n'y a que des droits de convention : « Le droit, dit textuellement J.-Jacques, ne vient pas de la nature, il est fondé sur des conventions. Liberté, égalité, propriété, patrie, religion : conventions, conventions encore, et toujours conventions ! Le citoyen tout entier est une convention. Que dis-je ? le citoyen. L'homme lui-même, dans son essence intime, l'être moral qui est l'homme : « C'est seulement en passant de l'état de nature à l'état civil, nous est-il expliqué, que l'homme acquiert la moralité, qui lui manquait auparavant... Le devoir succède à l'impulsion, le droit à l'appétit... Instant heureux, qui d'un animal stupide et borné fit un être intelligent et un homme. »

Ainsi, messieurs, aucune contradiction ne saurait être plus radicale, que celle qui oppose la Déclaration de 89 et le *Contrat* de Rousseau. Et cette contradiction emporte tout le reste. — Parce qu'il y a des droits naturels, en dehors et au-dessus de la société, on peut les déclarer, et on le doit, afin que la société les respecte et les défende, dit le préambule de la Déclaration. — Parce qu'il n'y a pas de droits naturels, mais seulement des conventions, réplique le *Contrat*, on ne *peut* déclarer ces droits, et on ne *doit* pas déclarer ces conventions ; car la souveraineté de la société est à ce prix : qu'elle puisse défaire et refaire, à chaque instant, ce que, en un instant, elle a fait. La société, nous est-il expressément déclaré, possède « un pouvoir absolu sur tous les siens, et nulle espèce de loi fondamentale n'est obligatoire pour le corps du peuple, pas même le contrat social. »

Voilà donc la Révolution française.

Loin d'être un bloc, le plus grand événement des Temps modernes, à son tour, est un amalgame ; il faut dire le conflit gigantesque, titanique de deux esprits, l'un — nous l'avons vu, — qui descend du xvie siècle, l'autre, — nous l'accordons, — qui monte du xviiie ;

— L'un qui dit : nature, et l'autre qui dit : convention ;

— L'un qui dit : droit inaliénable, et l'autre qui dit : aliénation totale ;

— L'un qui dit : déclaration obligatoire, et l'autre qui dit : déclaration interdite ;

— L'un qui dit : en conséquence, l'individu est sacré devant l'Etat, et l'autre qui dit : en conséquence, l'Etat est sacré devant l'individu !

Alors, comme il est impossible de prétendre que des deux moitiés essentielles de la Révolution française, celle qui est conforme à la Réformation, n'est pas moderne, la thèse ultra-protestante se trouve fausse ; la Réformation n'est pas le Moyen-Age ; — et comme il est non moins impossible de prétendre que des deux moitiés essentielles de la Réformation française, celle qui est contraire à la Réformation est son produit, la thèse ultramontaine se trouve également fausse : la Réformation n'est pas la Révolution.

Tel est dans toute sa précision le fait.

II

Maintenant, messieurs, du fait, remontons à la cause. Pourquoi y a-t-il opposition entre l'esprit de la Réformation (par esprit de la Réformation j'entends ce qui distingue la Réformation du Moyen-Age) et l'esprit de la Révolution (par esprit de la Révolution j'entends ce qui distingue la Révolution de la Réformation) ? Par ce que l'individu, selon l'esprit de la Réformation, est autre que l'individu selon l'esprit de la Révolution.

Il est vrai — et nous le reconnaissons volontiers — que, en brisant tous les esclavages de l'homme vis-à-vis des autres hommes, c'est-à-dire en déclarant qu'entre le fidèle et Dieu, il n'y a ni Eglise ni prêtre, ni homme quelconque, la Réformation a été, en face du Moyen-Age, une explosion d'individualisme.

Mais, messieurs, l'individualisme est un mot, et il ne faut jamais se laisser duper par les mots, soit pour en être séduit, soit pour en être effrayé. Entre le mot et la chose, il peut y avoir la même distance qu'entre l'étincelle qui jaillit du miroir pour attirer les allouettes, et... le soleil ; ou bien, entre le mannequin planté dans le champ pour épouvanter les moineaux, et... un homme. Moquons-nous donc de ces pièges et de ces épouvantails, et regardons en face la réalité. La réalité, la voici.

Selon l'individualisme révolutionnaire, l'homme est bon. C'est le dogme initial, fondamental, le grand dogme, proclamé par l'évangile selon Jean-Jacques : « L'homme est bon, dit-il, sortant des mains de la nature » ; dogme que Renan a commenté, comme vous savez : « Le péché, eh ! mon Dieu, je crois que je le supprime... Je ne comprends rien à tous ces tristes dogmes... Je tiens que toute la philosophie consiste à être de bonne humeur. »

Or ce dogme, Jean-Jacques ne l'avait pas inventé : c'est tout simplement le grand dogme de tous les paganismes, passés ou futurs, peut-on dire,... du paganisme.

Je pourrai remonter haut et loin, jusqu'aux siècles les plus mystérieux de l'Egypte, et à son *livre des morts*. Et je pourrais vous faire entendre les âmes, énumérant, dans une litanie intermi-

nable, la liste des péchés... dont elles sont inno-
centes : « Je n'ai point commis d'iniquité contre
les hommes... Je n'ai point transgressé, je n'ai
point failli, je n'ai point défailli... Je suis pur ! je
suis pur ! je suis pur ! je suis pur ! » — Mais tenons-
nous-en au paganisme plus moderne, et au premier rhéteur qui ait attaqué systématiquement le
christianisme. Fronton, maître de l'empereur
Marc-Aurèle, écrivait : « Quand la mort arrivera,
je saluerai le ciel en partant, et j'ouvrirai librement ma conscience. Je me rendrai ce témoignage,
que, dans le cours de ma longue carrière, je n'ai
jamais rien fait, dont j'aie lieu de rougir, ou qu'on
puisse me reprocher comme une tache ou une
infamie. » Et Rousseau, après avoir écrit le récit
fameux de sa vie, repète : « Que la trompette du
jugement dernier sonne, quand elle voudra ; je
viendrai, ce livre à la main, me présenter devant
le souverain juge. Je dirai hautement : voilà ce
que j'ai fait, ce que j'ai pensé, ce que je fus...
Etre éternel, rassemble autour de moi l'innom-
brable foule de mes semblables... Que chacun
d'eux découvre à son tour son cœur au pied de
ton trône avec la même sincérité, et puis, qu'un
seul te dise, s'il l'ose : je fus meilleur que cet
homme-là. »

Tel est l'individu, selon le paganisme, et la
confession du plus célèbre docteur de la Révolution.

Et l'individu, selon la confession du plus célèbre
docteur de la Réformation ?

Beaucoup d'entre vous la savent par cœur,
c'est celle que les protestants repètent tous les
dimanches dans leurs temples : « Seigneur Dieu,
Père éternel et Tout puissant, nous reconnaissons
et nous confessons devant ta Sainte Majesté, que
nous sommes de pauvres pécheurs, nés dans la
corruption, enclins au mal, incapables par nous-
mêmes de faire le bien, et qui transgressons tous
les jours et en plusieurs manières tes saints com-
mandements, ce qui fait que nous attirons sur
nous, par ton juste jugement, la condamnation et
la mort.» — Confession, contre laquelle un enfant
de la Révolution a protesté avec une colère, que
l'on croirait empruntée à un autre païen, Celse,
disciple de Fronton : « On n'entre point la tête
haute dans ce paradis, dont la faveur ouvre les
portes ; on y entre à quatre pattes. »

Ainsi, Messieurs, d'un côté est l'individu — bon,
selon Pélage et selon Rousseau, de telle sorte que
si le Moyen-Age a dit : l'individu est bon ; pour
corriger ses fautes, il suffit de ces choses extérieures
qui sont l'organisation ecclésiastique, avec ses
sacrements et ses indulgences ; — la Révolution
a continué : l'individu est bon, et pour corriger
ses erreurs, il suffit de ces choses extérieures qui
sont une constitution, avec ses lois politiques et
sociales. — Tandis que de l'autre côté, est l'individu selon Calvin, l'individu mauvais, dont tout
ce qui est extérieur, toutes les organisations ecclé-
siastiques et toutes les constitutions politiques,
tout le Moyen-Age et toute la Révolution ne sau-

raient suffire à corriger les erreurs, ni à expier
les fautes, car il a besoin d'être créé de nouveau
par Dieu : rien de moins.

Et alors : ou bien il faut soutenir que le paganisme a enfanté le christianisme, que le pélagia-
nisme a enfanté le Calvinisme, ou bien il faut
reconnaître que l'individu selon Calvin, est aussi
contraire à l'individu selon la Révolution qu'à
l'individu selon le Moyen-Age ; — même il faut
oser faire un pas de plus et reconnaître : que l'individualisme révolutionnaire peut venir du Moyen-
Age, mais que l'individualisme révolutionnaire ne
peut pas venir de la Réformation !

III

Messieurs, à ce point de nos réflexions, je ne
doute pas que l'étonnement n'ait déjà commencé
à saisir quelques-uns de mes auditeurs, je n'ai
donc plus de raison pour ne pas formuler tout de
suite, dans toute son intégrité, peut-être penserez-
vous, dans toute sa témérité, la conclusion de nos
deux entretiens. Et cette conclusion va étonner
davantage encore un plus grand nombre d'entre
vous. La voici :

La Réformation a proclamé les droits de l'homme
moderne. Mais, estimant l'individu mauvais, elle
a entouré ces droits de garanties, seules capables
de les sauvegarder. — Tandis que la Révolution,
estimant l'individu bon, a supprimé ces garanties ;

ou — pour tout dire en un mot, et toutes les garanties se ramenant à un garant, qui est Dieu — la Réformation maintient le garant ; la Révolution le supprime.

Ici je laisse de côté toute philosophie, toute négation théorique des droits de l'homme, j'aurais décidément trop beau jeu ! — Je reste sur le terrain pratique où — je suis prêt à le reconnaître — la Révolution réclame les droits de l'homme, en use, et, si vous le voulez, en abuse. — Et je vous prie de fixer un moment avec moi votre pensée sur l'invective, rapidement fameuse, contre les lumières du ciel, que l'homme de la Révolution se vante d'avoir éteintes.

En vérité, aucun symbole n'aurait pu être plus véridiquement choisi, pour montrer la folie de la prétention, et la criminalité de l'acte !

Certes, les étoiles peuvent être tranquilles. On n'a jamais vu, et on ne verra jamais aucun homme éteindre une étoile ! Mais l'homme peut jeter contre les étoiles les poignées d'une poussière qui lui cache le firmament. — L'homme peut allumer des flammèches, dont la fumée s'étend, comme un nuage impénétrable, entre lui et le ciel. L'homme peut crever les yeux à l'homme, et s'écrier : j'ai éteint le soleil !

Le soleil et les étoiles restent dans l'éclat de leur éternel scintillement. Mais il y a des hommes qui ne les voient plus. Pour ces hommes, le soleil et les étoiles sont comme s'ils n'étaient pas. Et trébuchant contre les innombrables obstacles de ses passions, de ses intérêts, de ses caprices, l'humanité tombe sur le sable brûlant, sinon dans la boue de sa route, devenue trop obscure.

Or il y a trois étoiles de première grandeur, qui brillent au ciel de la société humaine et, de leur lueur, la guident. Ces trois étoiles s'appellent la Liberté, l'Egalité, la Fraternité.

Le christianisme les fit briller aux yeux de ses disciples, avec un éclat, qui n'avait encore frappé aucun œil humain ; éclat si vif, qu'il a fini, dirait-on, par auréoler le fronton de tous les monuments de nos cités... Et l'homme de la Révolution, dit : l'auréole sur nos murs, c'est bien. A quoi bon les étoiles dans le ciel ?

La liberté ? Oui, sans doute : mais sans sauvegarde et sans garantie. L'individu est bon, et la liberté se suffit !

Or qu'est-ce que la liberté — sans sauvegarde contre tout ce qui, dans l'individu lui-même, le menace, contre ses passions et ses vices ? Sans doute il n'y a plus de trône ni de Bastille. Mais quelles prisons plus étroites que nos vices, et quels maîtres plus despotes que nos passions ? Et qu'est-ce que la liberté, sans garantie contre les assauts des autres individus, de leurs ambitions ou de leurs appétits ? Sans sauvegarde, ni garantie, la liberté, c'est la licence pour l'individu, et la dictature pour l'Etat, l'esclavage pour tous.

Tandis que la société, selon l'esprit de la Réformation, oppose à la licence de l'individu, comme sauvegarde, la plus forte discipline morale que société ait jamais connue, et à la dictature de l'Etat, comme barrière, la seule autorité supérieure aux Etats comme aux Eglises, l'autorité de Dieu. Toute autorité humaine, n'est autorité véritable et respectable, que si elle contient, et dans la mesure où elle contient, quelques gouttes, quelques parcelles de l'autorité divine — laquelle, précisément parce qu'elle assure la soumission à Dieu, garantit l'indépendance vis-à-vis des hommes. — Dieu est garant de notre liberté.

Et l'égalité ! oui, sans doute, dit l'homme de la Révolution : mais sans sauvegarde, ni garantie. L'individu est bon, et l'égalité se suffit.

Et nous ne contesterons pas qu'on ait déjà supprimé bien des inégalités fâcheuses. On en supprimera beaucoup d'autres : nous l'espérons. Mais le but vraiment final, auquel tend la société, selon l'esprit de la Révolution, quel est-il ? Tout récemment, dans un des journaux les plus révolutionnaires, un des docteurs les plus autorisés de la Révolution nous l'a dit : le but final, c'est l'inégalité. « Il faudra, écrit-il, se soumettre de plus en plus à cette loi d'airain, à la loi de la nature... Les hommes moyens ont souffert de l'inégalité, et ont rêvé de la détruire. Espoir chimérique ! Quand ils auront anéanti toutes les inégalités d'ordre social, ils seront surpris de rencontrer, plus apparente et sans cesse grandissante, l'inégalité de fond, l'inégalité organique, plus grande et plus barbare que l'autre... Dans la société future, l'inégalité sera la règle. »

Tandis que la société, selon la Réformation et l'évangile, n'ayant jamais rêvé d'un égalitarisme — subversif... de la nature, en effet, plus encore que de la société, — poursuivant toujours une égalité non pas extérieure, mais intérieure, non pas de la nature, c'est-à-dire des corps et des intelligences, mais des âmes, garantit chez tous la racine, dirai-je, et la source de toutes les égalités vraies entre les hommes. Au centre de la société civile, elle pose, comme modèle, une société ecclésiastique, où se pratique tous les jours l'égalité des croyants : et elle déclare, qu'en dehors de l'église, tous les métiers, tous les états, toutes les fonctions, ont beau être divers, ils restent égaux puisqu'ils sont de Dieu, des vocations de Dieu. Et quand l'égalité supérieure, essentielle, est ainsi réalisée devant Dieu, que devient l'inégalité inférieure, accidentelle devant les hommes ? On le vit bien quand le premier et et le plus grand missionnaire chrétien, saint Paul, mit le pied sur notre continent. Pour rendre le maître et l'esclave égaux, il ne prit pas un marteau de fer, et ne s'efforça pas de briser des chaînes de fer. Il fit beaucoup plus. Il prit le maître lui-même : d'un individu orgueilleux et méchant, il fit un membre de l'église de Dieu, obligé à la bonté et à la douceur. Puis il prit l'esclave : d'un individu paresseux et voleur, il fit un membre de la même église de Dieu, obligé à la probité et au travail. Et quand, selon sa propre expression, il eut engendré à la

vie nouvelle, celui-ci comme celui-là, il renvoya
l'esclave à son maître en disant : mes enfants,
vous êtes des frères : toi, Philémon, mon fils,
reçois mon fils Onésime comme un autre moi-
même. Ce vil esclave est l'égal, peut-être le
supérieur, devant Dieu, du gouverneur de la
province, du maître impérial du monde? Ce vil
esclave, désormais, c'est comme un saint Paul.
Après quoi les chaînes pouvaient tomber, ou
ne pas tomber, tout de suite : les anneaux
en étaient brisés : ce n'étaient plus des chaînes !
Que la Révolution parle de la loi « d'airain », de
la loi « barbare », de l'inégalité dans la nature...
Dieu est garant de notre égalité !

Et enfin la fraternité ! Oh ! sans doute ici, ici
encore, ici surtout, la société selon l'esprit de la
Révolution répète : oui, mais sans sauvegarde et
sans garantie. Car l'individu est bon, et la fraternité se suffit.

Et je ne conteste pas que dans notre société,
qui depuis vingt siècles, a été sous l'influence du
christianisme, il n'y ait, à l'heure des épouvan-
tables détresses, même dans les milieux les plus
anti-chrétiens, de grands élans de fraternité humaine. Tel, par exemple, ce sauveteur de Paris,
qui, au dire et à l'admiration d'un journal révolutionnaire, faisait des prodiges de fraternité, en
chantant le refrain d'une chanson licencieuse.

Seulement — tandis que le mot de Fraternité
disparaît peu à peu de nos monuments, effacé par
la pluie lente, ou par les rafales de la tempête,

j'entends s'élever les vociférations, ou, plus sinis-
tres encore, les chansons, et j'allais dire les can-
tiques de la haine des classes et des races ; — Que
dis-je ? j'entends un des plus authentiques, et des
plus fêtés, parmi les représentants de l'esprit révolutionnaire, un des protagonistes du mariage
libre, épouvanté par l'accroissement des crimes
s'en prendre à qui ? aux scélerats ? non, mais aux
honnêtes gens, et, — avec son autorité excep-
tionnelle, — leur dénoncer l'abime où glisse peu
à peu leur goût croissant pour la violence et le
sang : « Ce qui est malade, crie-t-il, c'est nous ;
ce qu'il faut soigner, c'est nous. Pourquoi sommes-nous si friands de crimes et béons-nous à
l'horreur ?... S'il est une remède, soyez-en sûrs, il
est là, dans une transformation de l'esprit public,
dans un recul, effrayé de voir la pente où nous
glissons, de la badauderie stupide aux instincts
de curiosité lâche et de vengeance féroce ! »

Eh bien ! et la Fraternité ? Pendant que le mot
disparaît peu à peu de nos murs, il disparaît aussi
peu à peu de nos manuels de morale et de nos
livres de science pour être remplacé par le mot
de solidarité.

Or la solidarité est de deux sortes, bienfaisante
ou horrible, admirable ou hideuse, justifiant le
sacrifice le plus héroïque et l'égoïsme le plus
louche. — Lorsque parut la première traduction
du livre fameux qui décrivait la lutte pour l'existence entre les êtres vivants, ne vit-on pas le tra-
ducteur français — c'était une femme, — y mettre

une préface, pour expliquer qu'à la solidarité des maladies héréditaires, il fallait opposer la solidarité des hommes voulant conserver leur bonne santé, et en conséquence supprimer les hôpitaux, c'est-à-dire les maladies avec les malades? — Voilà ce qu'autorise la solidarité.

A tel point la nature, respectant la solidarité des vices, des égoïsmes, des appétits, en un mot de la haine, tout aussi bien que la solidarité des vertus, des sacrifices, en un mot de l'amour, laisse la choix entre la fraternité en Abel, et la fraternité en Caïn, c'est-à-dire nie la fraternité !

La société selon la Réformation et l'Evangile n'admet que la fraternité en Abel, parce qu'elle n'admet que la Fraternité en Dieu.

Des frères, supposent un Père. Pour que les hommes soient frères, sur la terre, il faut qu'il y ait un Père, lequel ne peut être que dans le ciel. Ou pas de Père, et alors pas de frères, ou des frères, et alors un Père, le Père céleste !

Lorsque Calvin expliqua sa doctrine sur le prêt à intérêt, — dans laquelle on a essayé de voir les origines du capitalisme moderne, — il eut soin de l'entourer de toutes les garanties capables de rendre le capitalisme impossible : n'exigez pas d'intérêt du pauvre, dit-il ; n'usez pas de contrainte envers celui qui est dans la nécessité ; ne vous laissez jamais aller à aucun acte contraire à l'intérêt public, et d'une façon générale ne faites rien de ce que vous ne voudriez pas que l'on vous fît à vous-même. Voilà ce que réclame la Fraternité.

V

Car les hommes sont frères, étant, continue en effet Calvin, ces êtres sur lesquels Dieu a gravé l'empreinte de son image auguste — et frères, tous... non seulement nos amis, mais « nos ennemis, et ceux qui nous persécutent, et ceux qui voudraient nous manger. » — Mais, dites-vous, il me rebute, ce frère, il me dégoûte, il me hait ! — Avec Dieu, réplique Calvin, aucune de ces excuses n'est « de mise ou de recette. » Quand Dieu constitua la « proximité » humaine, en mettant sur chaque figure d'homme sa propre image, il la mit, « à cette condition, qu'encore qu'un homme s'en rende indigne, nous ne laissions pas de lui faire tout le bien qu'il sera possible. » — Frère,... misérable, et vil, et méchant !..., mais frère, quand même, puisque Fils de Dieu. Dieu est le garant de notre Fraternité.

Ainsi, Messieurs, tous les individus sont libres, parce que en chacun la Réformation voit un fils de Dieu, le Père de toute liberté. — Tous les individus sont égaux, parce que, en chacun, la Réformation voit un fils de Dieu, le Père de toute égalité ! Tous les individus sont frères parce que la Réformation voit en chacun un fils de Dieu, le Père de toute fraternité ! Dieu !

Et de nouveau c'est la belle légende de Saint-François d'Assise, ce précurseur de l'esprit évangélique au Moyen-Age. — Il allait sur une route poudreuse, quand il rencontra un lépreux. La nature frémit en lui-même et, instinctivement, il s'écarta. Mais vite sa foi dompta son instinct. —

Il va au misérable, il le baise, il l'embrasse et, ô miracle ! celui qu'il presse sur son corps, ce n'est pas un lépreux, c'est le fils de Dieu lui-même, qui, pour l'éprouver, avait pris ce déguisement, et se révélait à lui dans sa radieuse beauté.

Pour le christianisme et la Réformation, l'individu, c'est le lépreux, mais consacré, mais sacré par Dieu, c'est Dieu dans l'individu. — Pour la Révolution, Dieu a disparu, il reste l'individu, et tel quel. Et si cet individu est faible, s'il est gênant, s'il est méchant, s'il est répugnant, s'il est menaçant, que vaudront, que valent les habitudes, les règles du bon ton, les convenances, même les sentiments de pitié, contre le déchaînement des appétits, des besoins, des désirs, des passions, des instincts ?...

Et voilà exactement le danger actuel. L'esprit du Christianisme et de la Réformation dresse, assure les garanties et la sauvegarde du droit de l'homme : l'esprit de la Révolution bat en brèche, supprime ces garanties et ces sauvegardes.

Les étoiles pâlissent au ciel et la nuit se fait sur la terre...

Je termine par une autre et dernière comparaison.

Là-haut, dans les solitudes pures de la montagne, de dessous la neige blanche, de l'ouverture, aussi bleue et profonde que le ciel même, du glacier, jaillit une source, que les petits torrents, brillants comme des rubans d'argent, alimentent, que les ruisseaux, traversant les forêts séculaires, accroissent... L'eau court alerte et bondit joyeuse.

Quelqu'un vient, qui élève un barrage pour recueillir toute cette eau, pour en régler le débit, pour permettre d'utiliser cette force précieuse, en la distribuant dans les usines de la science et de l'industrie ; il creuse des canaux pour amener cette eau, doucement, dans les prairies, où elle murmure, et d'où viendront la chair et le lait, nourriture des hommes, et il consolide des jetées pour préserver les plaines, où s'étalent les moissons et les villes.

Quelqu'un autre vient qui dit : cette source, cette eau, est-ce qu'elles ne sont pas capables de jaillir et de couler toutes seules ? A quoi bon là-haut sur les flancs des montagnes ces forêts — barrages et digues façonnés par la nature elle-même — et, au-dessous, ces barrages et ces jetées et ces canaux d'un art compliqué ? A bas !

Tout à l'heure et maintenant c'est la même source, la même eau...

Oui. Et cependant maintenant le fleuve est tantôt trop desséché et tantôt trop gonflé ; — dans les usines les machines tantôt s'arrêtent et tantôt se brisent ; — et les plaines où vivent les hommes sont tantôt dévorées par l'ardeur du soleil, et tantôt ravagées par l'inondation, qui porte partout la ruine et la mort.

A ceux qui disent : les hommes de la Réformation sont les hommes du Moyen-Age ; ou bien à ceux qui disent : les hommes de la Réformation sont les hommes de la Révolution, — conscients des vérités et des réalités de l'histoire — nous

répondons : les hommes de la Réformation sont
les hommes des Temps modernes : — ce sont
eux — tout particulièrement, qui, au xvıᵉ siècle, des
coups de leurs piques, ont fait jaillir du sol chrétien, la source profonde ; — ce sont eux, tout
particulièrement, qui, au xxᵉ siècle, maniant leur
truelle, peuvent réparer et rebâtir les canaux et
les digues, je veux dire les garanties et les sauvegardes nécessaires, pour que le grand fleuve
répande, dans les vastes prairies humaines, son
eau généreuse et fécondante.

J'ai dit.

ALENÇON. — IMPRIMERIE VEUVE FÉLIX GUY ET Cie

9 782019 972738